KB265574

Sun Young Publishing Co.

E. A. 포

애너벨 리

___________________________________ 님께

따뜻한 마음을
이 한 권의 시집에 담아
전해 드립니다.
　　　　년　　　월　　　일

　　　　　　　　　　　드림
____

차례 하나

제1부 · 애너벨 리

차례 둘

제2부 · 꿈 속의 꿈

차례 셋

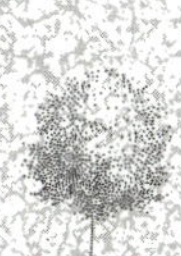

제 1 부

애너벨 리

애너벨 리

이제는 오래고 오랜 옛날이었지요.
　　바닷가 어느 왕국에
애너벨 리라는 이름으로 알려진
　　한 소녀가 살았던 것은 —
이 소녀는 나를 사랑하고 내게 사랑받는 일 외엔
　　아무 생각 없이 살았습니다.

나도 아이, 그녀도 아이였습니다.
　　바닷가 왕국에서,
그러나 우리는 사랑 이상의 사랑으로 사랑했습니다 —
　　나와 내 애너벨 리가 —
하늘을 나는 치천사(熾天使)도 그녀와 나를
　　부러워했던 사랑으로 말입니다.

그 때문이었습니다, 오래 전에
　　바닷가 이 왕국에서,
구름으로부터 바람이 불어
　　내 아름다운 애너벨 리를 싸늘하게 한 것은.
그래서 그녀의 지체 높은 친척이 와서
　　그녀를 내 곁에서 데려가

애너벨 리

바닷가 이 왕국에 있는
    무덤에 가두었던 것입니다.

천사들 천당에서 우리보다 결코 행복하지 못해
    늘 그녀와 나를 시기했습니다 —
그렇지요! — 바로 그 때문이었습니다 (누구나 알 듯,
    바닷가 이 왕국에서)
밤에 구름에서 바람 불어와
    내 애너벨 리를 싸늘히 해서 죽인 것은.

그러나 우리의 사랑, 그보다 훨씬 더 강했었지요.
    우리보다 나이 많은 이들의 사랑보다도 —
    우리보다 훨씬 지혜로운 많은 이들의 사랑보다도 —
위로는 천당의 천사들도
    아래로는 바다 속의 악마들도
내 영혼을 갈라 놓을 수는 없었습니다.
    아름다운 애너벨 리의 영혼으로부터 —

그래서 달빛 흐를 때 언제나 내 꿈 속엔
    아름다운 애너벨 리의 모습이 나타나고

애너벨 리

별들이 떠오르면 언제나 나는
    애너벨 리의 찬연한 눈빛을 느낍니다.
그래서 나는 밤새 누워 있는 것입니다.
내 님 ─ 아, 내 님 ─ 내 생명, 내 신부 곁에,
    바닷가 그 곳, 그녀의 무덤에서,
    철썩이는 바닷가 그녀의 무덤에서.

찬송 ✝

아침에도 — 낮에도 — 어스름한 저녁에도 —
마리아여! 당신은 제 찬송 들으셨나이다!
기쁠 때나 슬플 때나 — 좋을 때나 나쁠 때나 —
성모 마리아여! 항상 저와 함께 하소서.
시간이 빛나며 날아가고
구름 한 점 하늘을 가리지 않았을 때
당신의 은혜는 제 영혼이 게으르지 않도록
당신의 나라와 당신 옆으로 이끌어 주셨습니다.
숙명의 거센 바람이 제 현재와 제 과거를
어둡게 뒤덮은 지금에도
제 미래만은 찬란히 빛나게 하옵소서.
당신 곁, 당신의 나라로의 감미로운 희망으로!

과학에게

과학이여! 그대는 정녕 해묵은 시간의 딸!
　　탐색하는 눈으로 모든 것을 바꿔 놓으니.
따분한 현실의 날개를 가진 독수리여,
어찌 그대를 사랑하랴? 아니면 지혜롭다 하리오?
어찌 그대를 사랑하랴? 아니면 지혜롭다 하리오?
　　시인은 겁없는 날개로 비상하려만
그대는 그가 보석 많은 하늘을 방랑하며
　　보물을 찾도록 놔두지는 않으니.
그대는 달의 여신을 그녀 수레에서 끌어내리고
　　나무의 신을 나무 숲에서 몰아내서 어떤
보다 행복한 별을 찾아가게 하지 않았는가?
　　그대는 물의 요정을 물에서 떼어 내고
꼬마 요정을 푸른 숲에서 떼어 내고 나에게선
태머린드나무 밑 여름 꿈을 떼어 내진 않았느뇨?

율랄리

나는 비탄의 세계에서
외로이 살았습니다.
또한 내 영혼은 가라앉은 조수였습니다.
아름답고 친절한 율랄리가 내 수줍은 신부가 되기 전에는—
금발의 어린 율랄리가 웃음짓는 내 신부가 되기 전에는.

아, 밤하늘의 별들도
더—더이상 밝지 못해요.
그 빛나는 소녀의 눈망울보다는.
보라와 진주 빛깔의
달빛의 색조와 함께
수증기가 만들어내는 어떤 엷은 조각 구름도
가장 얌전한 율랄리의 무관심한 곱슬머리와는 겨루지 못해요.
초롱한 눈 율랄리의 가장 얌전하고 무관심한 곱슬머리와는 비교 못해요.

이제 다시는 의심도—
고통도 찾아오지 않아요.
그녀의 영혼은 내게 한숨에 한숨으로 답해주기 때문입니다.
그리고 하루 내내
아스타르리는 하늘에서

힘차고 밝게 빛나고 있기 때문입니다.
그리운 율랄리가 그 신부다운 눈망울로
그것을 바라보는 동안은 언제나.
어린 율랄리가 그 보라빛 눈망울로
그것을 지켜보는 동안은 언제나.

헬렌에게

헬렌이여, 그대 아름다움이 나에게
　그 옛날 니케아의 돛단배와 같습니다.
향기로운 바다 위로 살며시
　지치고 시달린 나그네를
　고향의 해안으로 실어다 준.

험한 바다에서 오래 방랑하던 나를
　히아신스 같은 머리, 클래식한 얼굴,
물의 요정 같은 그대 몸짓은
　그리스의 영광과
　로마의 장려로 돌아오게 했습니다.

보오! 저기 빛나는 창의 벽감(壁龕)에
　마노(瑪瑙)의 등불 들고 선 그대 모습
　어쩌면 그다지도 조상(彫像) 같으오!
아, 성스런 땅에서 오신
　사이키(Psyche)라고나 할까!

*영혼을 인격화한 것으로서 나비 날개를 단 미녀 모습을 취함
Eros의 애인.

M. L·S에게

당신이 존재함을 아침처럼 반기는 모든 이들 —
당신의 없음을 밤으로 느끼며 — 흡사 높은 하늘에서
성스런 해가 사라진 듯 생각하는 모든 이들 —
희망을 — 생명을 — 아, 무엇보다도
진실 — 미덕 — 휴머니티의
속내 깊이 묻힌 믿음의 부활을 갈구하며
시시각각 울며 당신을 축복하는 모든 이들 —
깨끗치 못한 절망의 침대에 누워 죽으려 할 때
당신의 포근한 "빛이 있으라!" 하는 속삭임을 듣고
당신의 두 눈의 천사 같은 빛남 속에서 결정된
포근한 속삭임을 듣고 순간 일어난 모든 이들 —
누구보다도 당신께 행없고 — 그 감사의 마음은
거의 경배하는 마음을 닮은 모든 이들 — 그런 모든 자 중에서
오, 잊지를 마오, 가장 진실된 자 — 가장 열렬한 숭배자를,
또한 상기하소서, 이 졸필은 그 사나이가 썼다는 것을,
자신의 영혼이 천사의 영혼과 서로 통하고 있다는 생각으로
전율하며 펜을 들고 있는 그 사나이가.

노래

그대 시집가는 날 그대를 보매
　　타오르는 수줍음에 볼이 붉게 물들었소.
그러나 행복은 그대를 휘감으니
　　그대 앞에서 세상은 온통 사랑투성이라오.

그대 눈에서 분출하는 빛은
　　(그 빛이 무엇이든)
상처 입은 나의 눈엔 오로지
　　지상의 미 그 전부로 보였소.

수줍음은 처녀의 그것이었으리 —
　　그것으로 보고 넘길 수 있으리 —
하지만 그 홍조는 그자의 가슴에서 일으키니
　　아, 애타게도 더 격렬한 사랑의 불길을!

결혼한 날 그대를 그자가 바라볼 제
　　깊은 수줍음이 그대 볼을 붉게 하고 말았으니
행복이 그대를 에워싸고
　　그대 앞에 세상은 사랑투성이.

어머님에게

저 높은 천당에서 서로 속삭이는 친구들도
　그들의 불타는 사랑의 말들 속에서
「어머님」이라는 말 만큼 진실된 말은
　찾을 수 없다고 느끼기에 저는 오랫동안
그 그리운 이름으로 당신을 부르고 있습니다 —
　저에게 어머니 이상이시고 제 마음 속의 깊은 마음을
채워 주신 당신을. 죽음은 저의 버지니아의 영혼을
　해방시켰을 때 저의 심중에 당신을 앉혀 놓았습니다.
저의 어머니 — 일찍 돌아가신 저의 친어머니는
　오직 저 자신만의 어머니셨으나 당신은
제가 지극히 사랑한 이의 어머님이십니다.
　그래서 옛날에 제가 안 어머님보다 무척 소중합니다.
저의 처가 제 영혼에게 그 자신의 목숨보다도
　무한히 소중했던 것처럼.

노래 — 알 아라프 초(抄)

" 꿈꾸는 사람을 달빛에서
　　멀리 지켜주는
도라지꽃과 벗풀꽃 —
　　아니면 무성한 나무 그늘에서 —
눈을 반쯤 닫고서 별들을
　　생각하는 빛나는 요정들!
당신들의 찬탄은
　　그 별들을 하늘에서 불러내려
그 빛들은 어둠 속을 뚫고 빛나며
　　당신들 이마로 하강하지요.
마치 지금 당신들에게 찾아온
　　처녀의 눈빛인 양 —
일어나요, 보라빛 숲 속에서
　　잠자는 꿈에서
이 별빛 비치는 시간에
　　어울리는 일을 위해 —
떨쳐 버려요, 이슬 맞아 무거운
　　당신들의 머릿단으로부터
거추장스레 스며 있는
　　저 키스의 숨결을,

노래 ─ 알 아라프 초(抄)

(오, 내 사랑! 당신들 없이는
　어찌 천사들도 복받았다 할 수 있으리오?) ─
당신들을 잠 재운
　저 참사랑의 키스를!
어서 일어나요! ─ 당신들 날개로부터
　거추장스런 것들을 모두 떨쳐 버려요.
날개를 무겁게 하여 나는 것을
　방해하는 저 밤이슬 ─
참사랑의 애무의 여러 행위를 ─
　오, 그것들을 떼어놓아요.
머릿단 위에선 가볍지만
　마음 위에선 납덩어리 같으니.”

“ 리지어! 리지어!
　내 아름다운 요정이여!
당신의 가장 거친 생각도
　아름다운 선율이 되어 나와요.
오! 산들바람에 흔들리는 것이
　당신의 뜻이겠지요?
아니면 마음 내키는대로

노래 —알 아라프 초(抄)

　　외로운 신천옹(信天翁)인 양
밤하늘 위에 누워
　　(그 새가 날 때)
그 곳에 떠도는 해조(諧調)를
　　즐겁게 지켜보려는 것이겠지요? ”

“ 리지어 ! 어느 곳에
　　당신 모습 있을지언정
어떤 마술도 당신에게서
　　음악을 떼어낼 수는 없을 겁니다.
당신은 많은 눈들을 닫아 놓았어요.
　　꿈꾸는 잠 속에 끌어들여 —
하지만 아직도 노랫소리 일어나
　　당신의 밤새는 일을 계속하게 해요.
꽃 위에 낙하하고
　　소나기의 리듬으로
다시 춤추는
　　빗소리 —
풀 자라며
　　웅비하는 속삭임,

노래—알 아라프 초(抄)

그것은 사물이 연주하는 음악이지요—
    그렇지만 아, 슬프게도 모방을 한 것이어요!
그러니 가요, 그리운 내 요정이여,
    오! 어서 가요,
달빛 비치는
    명경 같은 생가로—
수많은 별들인 섬들을
    보석인 양 그 가슴에 뿌려놓고
깊은 안식의 꿈 속에서
    그 별들에게 미소짓는 호젓한 호숫가로—
그 곳에선 야생의 꽃들이 기어다니며
    그 그림자들은 얽기설기 뒤섞이지요.
그 호수 근처에선 아주 많은
    아가씨들이 잠자고 있어요.—
서늘한 나무들 사이를 지나
    별들과 함께 잠자는 아가씨들도 있어요.—
그들을 깨우는 거에요, 내 아가씨여,
    작은 집들과 풀밭에서—
가요! 살며시 귀에 대고
    그들의 장 위에

23

노래 - 알 아라프 초(抄)

노랫가락을 속삭여요.
　그들은 그것을 들으려고 잠자니까요 —
차가운 달빛 아래서 잠든 천사를
　빨리 깨우게 하기엔
어떤 잠의 마력도
　풀 수 없는 주문인
그 천사를 잠재운
　저 노래의 선율보다
더 나은 것이 또 어디 있겠어요?

잰티 섬에게

아름다운 섬, 모든 꽃 중에 으뜸의 이름으로 명명한 섬,
　모든 유연함 중 가장 부드러운 이름의 섬이여!
이리도 찬연했던 세월에 대한 온갖 추억들이
　그대와 그대의 소유들을 보매 되살아난다!
과거의 지복을 일깨운다, 그 수많은 정경들은!
　오, 묻혀진 희망에 관한 온갖 상념들아!
다시는 없는 ― 그대 녹음의 산비탈에 다시는 없는
　한 낭자의 수많은 환상들이여!
다시는 않으리! 오, 슬프다, 이 마법의 슬픈 소리는
　만상을 바꾸어 놓더라! 그대 매력도 즐겁게 하기는
다시는 않으리!
그대의 추억도 다시는 않으리! 지금부터 내게
　꽃으로 아롱진 그대 언덕도 저주의 땅으로 보이리!
오, 히아신스의 섬이여! 오, 찬란한 잰티섬이여!
　" 황금의 섬, 동방의 꽃이여! "

이즈라펠

"그 가슴의 힘줄이 비파 같은"
어떤 영적인 존재가 하늘에 사네.
천사, 이즈라펠보다
기막히게 노래 잘 부르는 이 없네.
어지럽게 돌아가는 별들(전설에 의하면)
하늘의 찬송을 멎고 모두 소리 죽여
　　그의 목소리의 마력에 매혹되네.

매혹된 달은
　한밤중 중천에 겨려
　걸음을 휘청거리며
사랑에 빠져 얼굴 붉히고.
　혹은 붉은 번개는
　(조급한 묘성(昴星)들인
　일곱 자매의 별들까지도)
하늘에서 걸음을 멎고 귀 기울이려 하네.

모두 모두 말하네(별들의 합창대와
　귀 기울이는 다른 별들도,)
　이즈라펠의 열화 같은 정열은

이즈라펠

　　그가 갖고 않아 노래부르는
저 수금(竪琴) —
　　저 비범한 심금의
살아있는 떨리는 현(絃)의 힘이라고.

하지만 이 천사가 걷는 하늘은
　　깊은 상념이 의무가 되는 곳 —
신이 자라서 사랑이 되는 곳 —
　　별을 보고 우리가
칭송하는 아름다움이 모두
천녀(天女)의 눈매를 고취하는 곳.

그러므로 이즈라펠이여,
　　그대 옳거니,
정열 없는 노래
　　멸시하는 것이.
월계관은 가장 현명한 악인(樂人)이기에
─ 가장 훌륭한 악인인 그대의 것!
바라노니 즐거이 살라, 오래도록!

이즈라펠

하늘의 황홀은
    그대 노래의 불타는 가락에 알맞는 것
그대의 슬픔과 기쁨과 미움과 사랑은
    그대의 정열적인 비파에 알맞는 것 ―
    별들의 침묵도 지당하리!

맞아, 하늘은 진정 그대의 것, 그러나 세상은
    기쁨과 슬픔이 뒤섞인 곳.
    우리의 꽃은 단지 ― 꽃일 뿐,
그대의 완벽한 복락의 그림자도
    우리에겐 햇빛인 것을.

그러나 가령 내가 이즈라펠이 되어
천국에 살고
    그가 나 되어 이곳에 산다면
그는 그토록 신비하게
    인간의 노래부를 수 없을 것을.
그리고 하늘의 내 비파에선
    이보다 찬란한 선율이 넘실 댈 것을.

－에게 (난 상관 않지요)

난 상관 않지요, 내 이 세속의 운명에
　　속세에 속하는 것들이 없다고 하여 ―
몇 해 동안의 사랑이 일순간의
　　미움 속에서 잊혀진다고 하여 ―
내가 슬퍼함은 외로운 이들도
　　나보다는 행복하고 즐거운 이유만은 아니오
오직 당신이 나그네에 불과한
　　내 운명을 슬퍼하기 때문이지요.

홀례의 노래

나의 손엔 결혼 반지,
    내 이마엔 꽃다발.
훌륭한 실크 옷과 보석도
내 뜻대로 할 수 있는 것이에요.
    그리고 나는 지금 행복합니다.

주인은 나를 무척이나 사랑해요
    하지만 주인이 처음 사랑을 속삭였을 적엔
내 가슴이 뭉클해오는 것을 느꼈어요 ―
주인의 맑은 조총소리와 같이 들렸거든요,
주인의 음성은 그이의 것처럼 들렸거든요,
저 골짜기 전장에서 숨진 그이의,
    지금 행복하게 잠든 그이의.

하지만 주인은 나를 안심시키며
    내 창백한 이마에 키스했어요.
그 때 환상이 나를 찾아와
교회 묘지로 데려갔다오.
그래서 내 앞의 주인을 세상 떠난
데니르르미씨로 착각하고 탄식하며 말했죠.

혼례의 노래

" 오, 전 지금 행복해요 ! "

이렇게 해서 그 말을 한 것입니다,
   결혼의 약속도 그랬었구요
그래서 진실은 깨어졌지만
내 마음은 상했지만
내가 지금 행복하다는
   증표인 금반지가 있잖아요 !
보세요, 이 황금의 증표를,
   내가 지금 행복하다고 증명해주는 !

하나님, 부디 이 환상에서 깨워 주세요!
   저는 어리둥절한 꿈을 꾸었어요,
제 마음은 몹시 떨리고 있어요,
불길한 한 걸음 내딛는 게 아닌지 ―
가신 이가 버림을 받고
   지금 행복치 못할까 하여.

로맨스

로맨스는 꼬덕이며 노래하기 좋아한다.
졸리는 머리 하고 날개 접고서
어느 그늘진 호수 아주 깊숙한 곳에서
푸른 잎새 흔들며 노래부르니
그것은 내게 찬란한 잉꼬새 —
아주 가까운 새 — 였다.
그 놈은 내게 가르쳐 주었다. 알파벳과
짧은 혀로 첫마디 말하는 것을.
그 즈음 난 깊은 숲에 누워 있던
— 매우 영리한 눈의 — 어린애.
허나 요즘은 영원한 독수리 같은 세월은
폭풍우처럼 소란스레 날아가며
저 높은 하늘조차 흔들어 놓으니
나는 소란한 하늘을 바라보느라
한가한 도락의 시간마저 없구나!
그러나 보다 조용한 날개의 시간이
내 정신에 보드라운 깃털을 날릴 때면 —
비파와 시가 — 금단의 도락! — 로
소일할 틈만 나면
현과 함께 떨지 않고서는

내 가슴은 죄 지은 듯 느끼리.

애니를 위해

고마워라! 한 고비
　　위험은 넘겼습니다.
오래 끌어오던 병도
　　드디어 끝났습니다―
「삶」이라고 부르는 열병도
　　드디어 이겨냈습니다.

나는 압니다. 슬프게도
　　내 힘을 빼앗겼음을.
근육 하나 움직이지 않고
　　나는 사지를 쭉 펴고 누워 있습니다―
하지만 괜찮아요! 나 드디어
　　기분이 좋아졌습니다.

이제 나는 침대에서
　　조용히 누워 있습니다.
그래서 보는 이는 모두
　　내가 죽은 줄 알 것입니다.
나를 보고 죽은 줄 알고
　　펄쩍 뛸 것입니다.

애니를 위해

비란의 소리도 신음 소리도
　한숨 소리도 울먹임도
이제는 아예 조용합니다.
　저 무섭게 뛰던 심장도
아, 저 무섭고 무섭던 심장의
　고동 소리와 함께 조용합니다.

저 울렁거림 ― 저 욱지기 ―
　저 사정 없는 고통 ― 도
이제는 멈췄습니다, 내 머리를
　미치게 했던 열병 ― 내 머리를
불태우던 「삶」이라고 부르던
　열병과 함께 그쳤습니다.

오! 온갖 고뇌 가운데도
　가장 고통스러운 저 고뇌도
사라졌습니다 ― 저주받은
　열정의 불타는 강에서
목 타며 신음하는
　저 무서운 고뇌도

애니를 위해

나는 모든 갈증에서
  해갈되는 물을 마셨습니다.

자장가 소리내며
  흘러내린 그 물
지하 몇 미터 깊이의
  샘에서 흘러나온 물 —
멀지 않은 지하의
  동굴에서 흘러나온 물을.

그러기에 아, 내 이 방이
  음침하고 내 이 침대가 좁다는
그 우매한 말일랑
  하지 말기로 합시다.
사람이 별다른 침대에서
  잔 것은 아니었습니다.
잠자기 위해서라면 바로
  이런 침대에서 잠들어야 합니다.

내 괴로운 영혼은

애니를 위해

    상냥하게 여기서 쉽니다.

그 장미의 사연 —
    도금양(桃金孃)과 장미에
심란했던 그 옛날을 잊고
    결코 후회하지 않으며.

이제 나는 아주 조용히
    누워서 생각합니다.
내 영혼을 에워싼 팬지꽃의
    보다 거룩한 향기를 —
팬지꽃과 — 예향과
    아름답고 청순한
팬지꽃과 뒤섞인
    로즈에리꽃의 향기를.

그리하여 내 영혼은 행복하게
    누워 있습니다. 애니의 진실과
아름다움의 갖가지
    꿈 속에서 목욕을 하며 —

애니의 머리칼 속에
　　목욕하듯 깊이 빠져들면서.

그녀는 상냥하게 키스해 주었습니다.
　　그녀는 정답게 껴안아 주었습니다.
그리고는 나는 그녀 품에서
　　살며시 잠들었습니다.
하늘 나라 같은 그녀 품에서
　　깊이 잠들었습니다.

불이 꺼졌을 즈음
　　그녀는 나를 따뜻하게 덮어 주었습니다.
그리고 나를 해악에서 보호해 주십사고
　　천사들에게 기도해 주었습니다—
해악에서 나를 보호해 주십사고
　　천사들의 여왕에게 기도해 주었습니다.

나는 이렇게도 고요히
　　침대에 누워 있습니다.
(그녀의 사랑을 느끼면서)

애니를 위해

　　그래서 사람들은 내가 죽은 줄 압니다 —
나는 이렇게도 흡족한 마음으로
　　내 침대에서 쉬고 있습니다.
(그녀의 사랑을 내 품에 안고서)
　　그래서 사람들은 내가 죽은 줄 압니다 —
죽은 줄로만 알고
　　나를 보고 사람들은 몸서리칩니다 —

그러나 내 마음은 하늘의
　　수많은 별들을 합친 것보다
더 밝게 빛납니다.
　　애니와 함께 빛나고 있으므로 —
애니에 대한 사랑으로
　　붉게 달아올라 빛나므로 —
내 애니의 눈의
　　빛을 생각하면서.

가장 행복한 날

가장 행복한 날 - 가장 행복한 시간을
　　이제는 시들고 메말라버린 내 마음은 알고 있었지.
긍지와 힘에의 최고의 희망은
　　이제는 사라지고 말았구나.

힘! 힘이라고 하였던가? 그렇지! 그런 것이었지.
　　그러나 아, 슬프게도 사라진 지 오래구나!
내 청춘의 환상들이 이제는 없나니 -
　　하지만 지나가게 내버려 두자

긍지여! 내가 그대와 무슨 상관이냐?
　　그대가 내 이마에 퍼부은 독액을
또 다른 이가 물려받게 되리니
　　내 마음을 진정하자!

내 눈이 보게 될 - 일찍이 보았던
　　가장 행복한 날 - 가장 행복한 시간을,
긍지와 힘의 가장 빛나는 번쩍임은
　　이제는 사라져 버렸구나.

가장 행복한 날

궁지와 힘에의 희망을, 그것을
　　가지고도 느꼈던 고통과 함께
지금 준다고 한들 ― 그 가장 빛나는 시간을
　　나는 다시는 살지 않으리!

그 날개엔 시커먼 혼합물이 있어
　　펄럭일 때엔 ― 어떤 독액이
떨어졌으니 ― 그것을 잘 알고 있는 영혼마저
　　파멸시킬 만큼 강력한 힘이었기에.

호수 ―에게

좋았던 젊은 시절, 운명에 이끌리어
넓고 넓은 세상에서
내가 더없이 사랑한 한 곳만을 찾아 다녔네 ―
검은 바위로 둘러싸이고, 주위에는
낙락장송이 솟아 있는 황량한 호수의
쓸쓸함이 얼마나 아름다웠더냐.

그러나 밤이 장막을 그 곳 위에,
만물 위에 던지고
이상한 바람이 가락에 맞추어
중얼거리며 지나갔을 때
그때에는 ― 아, 그때엔 불현듯 깨닫곤 했다.
이 외로운 호수의 공포를.

그러나 그 공포는 겁에 질리지는 않고
가슴 떨리는 기쁨이었다 ―
보석의 광산을 얻는다 해도
가르치거나 유혹해도 표현할 수 없는 심정이었다―
그것은 사랑도 아니었다 ―비록 그 사랑이 그대 것이라
할지라도.

호수 — 에게

죽음은 독기 서린 호수의 물결 속에 있었고,
깊은 물 속에는 하나의 묘가 있었다.
자기의 외로운 상념에의 위안을
여기서부터 구하는 사람에게는
외로운 영혼이 그 어둑한 호수를
낙원으로 삼을 수 있는 안성맞춤의 묘가.

불안의 골짜기

옛날에는 고요한 골짜기가 웃음짓고 있었다.
그 곳에는 사람들이 살고 있지 않았으니
상냥하게 반짝이는 별들을 믿고
모두 전쟁터로 가고 없었기 때문이다.
별들은 청천 하늘의 탑에서
밤마다 꽃들을 지켜보았고,
꽃들 가운데에서 온종일 낮엔
붉은 햇빛이 게으름 피우고 있었다.
지금 이 곳을 찾는 사람이면 누구나
슬픈 골짜기의 불안함을 고백하리.
움직이지 않는 것은 여기엔 하나도 없다 ―
마법과 같은 이 정적 위에서
내리 덮고 있는 공기 외엔 아무것도.
아, 안개 자욱한 헤브리디스* 섬들을 둘러싼
차가운 바다처럼 떨고 있는 나무들은
어떤 바람에도 흔들리지 않는다.
이름 없는 무덤 위에서 흔들리며
울고 있는 백합화들 위를,
갖가지 인간의 눈 모습을 한
누워 있는 제비꽃들 위를,

불안의 골짜기

아침부터 저녁까지 불안한 듯이
소란한 하늘을 살랑거리며 스쳐가는 구름은
어떤 바람도 몰아가지 않는다.
꽃들이 흔들린다— 연약한 줄기에서
영원한 눈물 보석인 양 흘러내린다.

낙원에 있는 이에게

님이여, 그대는
　　내 영혼이 못내 갈망하는 모든 것 —
님이여, 그대는 바다 속의 푸른 작은 섬,
　　온통 아름다운 과일과 꽃들로 장식된
샘이며 신의 전당,
　　그리고 그 모든 꽃들은 내 것이네.

아, 계속되기에는 너무도 찬란했던 꿈이여!
　　아, 별과 같은 '희망' 떠오르더니
구름에 뒤덮여 버렸네!
　　하나의 음성 미래로부터 외치니
"앞으로! 앞으로" — 하지만 과거
　　(어두운 깊은 늪)에서 방황하는 이 내 심정,
아연히, 말 못하고, 넋을 잃고서!

그러나 아, 슬프다! 나의
　　생명의 빛이 다했으니!
다시 없으리 — 다시 없으리 — 다시 없으리 —
　　(엄숙한 바다는 해변의 모래에게
　　　이렇게 속삭인다)

낙원에 있는 이에게

벼락맞은 나무 영영 꽃을 피우지 못하리,
　　상처입은 독수리 영영 하늘을 날지 못하리!

그리하여 나의 모든 나날은 몽환(夢幻)의 생활,
　　나의 밤마다의 꿈은
그대 검은 눈 반짝이는 곳,
　　그대 발걸음 번득이는 곳 —
영원한 샘가에서
　　영묘한 춤 추는 그 곳으로.

*시인이 소년 시절 사랑했던 새러 엘마이러 로이스터를 노래한 시.

종소리

1

방울을 단 썰매 소리 들으라 ─
은방울 소리를 !
그 선율이 예고하는 세계는 즐겁기만 하여라 !
얼음 같은 밤하늘 속에서
아, 딸랑 딸랑 딸랑 울리는구나 !
온통 하늘에 뿌려진 별들은
수정처럼 맑은 기쁨으로
반짝반짝 빛나는 듯.
방울, 방울, 방울, 방울
방울, 방울, 방울로부터 ──
방울의 짤랑짤랑 딸랑딸랑 소리로부터
오묘하게 솟아나는 방울의 울림에 맞춰
일종의 고대 북유럽풍의 신비한 리듬으로
박자, 박자, 박자를 맞춰.

2

감미로운 혼례의 종소리를 들으라,

종소리

황금의 종소리를!
그 조화는 참으로 행복한 세계를 예고하고 있구나!
싱그런 밤하늘을 뚫고
아, 그 종소리는 기쁨을 울려 내누나!
녹여진 황금의 종소리로부터
완전히 가락이 맞는,
어쩌면 이리도 영롱한 노래가 흘러나와
산비둘기는 귀 기울여
홀린 듯이 달을 쳐다보는구나!
오, 울리는 작은 방으로부터
좋은 가락 엄청나게 솟아나 울리는도다!
소리가 높아지는도다!
미래를 강조하는도다!
종, 종, 종,
종, 종, 종, 종,
종, 종, 종의 ―
진동과 울림으로
종의 가락과 장단으로
재촉하는 황홀을 전해 주는구나!

3

요란한 경종 소리를 들으라 ─
놋쇠의 종소리를 !
그 소란한 종소리가 전하는 이야기는 무섭기도 하여라 !
장단이 맞지 않게
오직 비명을 지를 뿐이다.
화마(火魔)의 자비에 시끄럽게 호소하고,
듣지 않고 광란하는 화마를 미친 듯이 타이르며,
지금 ─ 지금 아니면 결코
창백한 안색의 달 옆에 가서 앉지 못한다고
필사적인 욕망과
불굴의 노력으로
점점 더 높이, 높이, 높이 뛰어오르는 화마.
아, 종, 종, 종소리 !
그다지도 절망의 이야기를
그들의 공포는 전해 주는구나 !
그다지도 땡땡, 땡땡, 으르렁거릴까 !
헐떡이는 대지의 가슴 속에
어쩌면 그다지도 공포를 쏟아낼까 !
그러나 귀는 그것을 충분히

종소리

윙윙거리는 소리나
땡땡하는 소리로
위험의 조수가 빠지고 밀려오는 것을 안다.
그러나 귀는 분명히
소란이나
언쟁으로
위험이 가라앉고 높아지는 것을 확연히 안다.
종의 —
종, 종, 종, 종,
종, 종, 종의 —
종의 소란이나 땡그랑 소리로
종의 분노의 사그러짐과 높아짐으로!

4

조종이 느리게 울리는 것을 들으라!
쇠의 종소리를!
그 만가가 몰아오는 상념의 세계는 얼마나 엄숙한가!
깊은 밤의 정적 속에서

종소리

그 음조의 우수의 위협에
아, 우리는 공포로 몸부림치네 !
그 녹슬은 목구멍으로부터
떠도는 소리마다
무거운 신음 소리이기에.
그리고 사람들은 ─ 아, 사람들은 ─
오직 홀로
뾰족탑에서 사는 사람들은
저 나지한 단조로운 가락으로
조종을 울리고 울리고 울리며,
사람의 잔잔한 마음에 돌을
굴리기를 좋아한다 ─
그들은 남자도 아니고 여자도 아니다 ─
그들은 짐승도 아니고 인간도 아니다 ─
그들은 시체를 파먹는 귀신들.
그리고 조종을 치는 것은 그들의 왕 ─
왕은 종을 쳐서 전승가를
울리고 울리고 울리고
울려댄다 !
종에서 울리는 전승가로

종소리

즐거운 그의 가슴 부풀어 있네!
왕은 춤을 추고 괴성을 지른다.
종의,
종의 전승가에
일종의 고대 북유럽풍의 가락을 달아
박자, 박자, 박자를 맞추며.
종, 종, 종의 —
종의 고동에 맞춰
일종의 고대 북유럽풍의 가락을 달아
박자, 박자, 박자를 맞추며.
종, 종, 종의 —
종의 울림에 맞춰 —
종, 종, 종, 종,
종,
종,
종의 —
종의 울림에 맞춰 —
종의 비탄과 신음 소리에 맞춰
고대 북유럽풍의 즐거운 가락을 달고
그가 조종을 울리고 울리고 울릴 때

종소리

박자, 박자, 박자를 맞추며.

F-s S. O-d에게

당신은 사랑받고자 합니다 — 그렇다면 당신의 마음이
　　지금 가는 그 길을 떠나지 않도록 하오!
당신이 있는 그대로의 모든 것이 되시고
　　당신이 아닌 것은 그 무엇이든 되지를 마오!
그러면 온 세상에게 당신의 상냥한 거동,
　　당신의 우아함, 당신의 아름다움 이상의 아름다움은
찬양과 사랑 — 순전한 경배의
　　영원한 대상이 될 것이오.

프란시스 사전트 오스굿이라는 처녀에게 보낸 시.

찬가(讚歌)

어떻게 조사를 읽을 수 있나?
　　　엄숙한 노래 부를 수 있나?
이다지도 여린 나이로 가신
　　　가장 귀여운 님의 진혼가를?

그녀를 바라보고
　　　찬란한 관대(棺臺)를 바라보고
그녀의 친구들은 울고 있네! 오, 하지만
　　　가신 아름다운 님을 욕되게 할 뿐!
그들이 사랑한 것은 그녀의 재산 때문—
　　　그들이 미워한 것은 그녀의 자존심 때문—
그러나 그녀의 건강은 점점 시들어졌고
　　　그녀 이제 죽으니 사랑한다네.

그들은 말했네, ("수 놓은 비싼 관보,가
　　　어쩌니 하며 말을 했네,)
내 음성의 힘이 점점 약해지니
　　　노래일랑 아주 부르지 말라고—
아니면 내 목소리를
　　　아주 슬프게—아주 슬프게

찬가

그런 엄숙한 노래에 맞춰
    가신 이 괴로움 느끼지 않게 해야 한다고.

그러나 그녀는 높은 하늘로 갔네,
    어린 희망을 함께 데리고.
그리고 나는 도취되어 있네, 가신 님,
    내 신부에 대한 사랑으로 ─
가신 님─은 온 몸에 향수를 뿌리고
    눈엔 죽음 깃들어 있으나
머리칼엔 아직 생명이 반짝이는
    가신 님에 대한 사랑으로.

그래서 크고 긴 내 노랫소리
    관을 치니 ─ 여러 회색의 방들을 거쳐
들려오는 저 웅성거림은
    내 노래에의 반주이리.

인생의 꽃다운 6월에 가셨네 ─
    아름답게 가셨어야 했을 것을,
고통 없이 일찍 가셨어야 했을 것을,

찬가

　　　편안한 모습으로 가셨어야 했을 것을.

이 세상 친구 이상인 나로부터
　　당신 목숨과 사랑은 찢겨 나갔네,
옥좌 이상의 하늘의 옥좌에서
　　정결한 즐거움에 참여하기 위해 ―

그래서 이 밤에 나는 당신 위해
　　어떤 진혼가도 부르지 않고
오직 지난날의 찬가를 불러
　　하늘을 낳으는 님의 길을 편하게 하리.

－강에게

아름다운 강이여! 굽이치는 수정같은 물이
　맑게 빛나며 흐르는
그대 모습은 앨버트 노인 딸의
　　　　불타는 아름다움 ―
　　　　숨길 수 없는 마음의 생각 ―
　곡절 많은 연애의 유희 ― 의 상징.
하지만 그녀가 그대 물결 속을 들여다보면 ―
　물결은 반짝이며 떨고 있어
어쩌면 그다지도 아름다운 그 강은
　그녀를 연모하는 이의 마음을 담고 있을까.
그대의 흐름 속에서처럼 그의 가슴 속엔
　그녀의 상(像)이 깊이 잠겨 있고 ―
그의 가슴은 떨린다, 마음 속을 살피는
　그녀 두 눈의 빛을 받아.

나 홀로

나 어린 시절부터 타인들과는
같지 않았으니 — 타인들이 보듯
보지는 않았고 — 어떤 공동의 샘에서
내 감정을 퍼올릴 수는 없었고 —
같은 근원에서 내 슬픔이
솟아나진 않았고 —— 같은 음색으로
내 마음을 기쁘게 할 수는 없었고 —
내가 사랑했던 모든 것은 — 나만이 홀로 사랑했다.
그 때 — 나 어린 시절에 — 내 파란만장한
인생의 새벽녘에는 — 선과 악의
모든 심연에서 아직 나를 묶고 있는
신비를 끌어내었다 —
급류나 샘으로부터 —
산의 붉은 벼랑으로부터 —
가을의 황금빛으로
내 주위를 도는 태양으로부터 —
하늘을 날며 내 곁을
지나간 번개로부터 —
(나머지 하늘이 푸를 때)
내가 보기엔 악마의

나 홀로

형태를 지닌 구름으로부터.

저녁 별 ☆

그것은 한여름
    한밤중의 일이었다.
별들은 그들의 성좌에서
    보다 밝은 차가운 달빛 너머로
창백하게 빛나고 있었다.
    달은 노예의 별들에 둘러싸여
하늘 높이 떠서
    그 빛을 물결 위에 던지고 있었다.
    나는 잠시 그 차가운
    미소를 바라보았다.
너무나 냉엄한 —— 내게 너무나 냉엄한 미소를.
    그 곳을 수의(壽衣) 같은
    양털 구름이 지나갔다.
그래서 나는 그대를 돌아보았다.
    멀리서 고고히 빛나는
    자랑스러운 저녁 별이여,
그대의 빛이 더욱더 그리우리
    밤하늘에서 그대가 담당하는
    자랑스러운 역할은
내 마음에는 기쁨이요,

저녁 별

    보다 차갑고 천한 저 달빛보다
    그대의 아득한 불빛을
나는 더 연모하노라.

엘도라도

화려한 복장의
씩씩한 기사가
햇볕 속 구름 속을 지나
기나긴 여행을 계속했다,
노래를 부르면서
엘도라도를 찾아서.

그러나 그 용감한 기사도 —
차차 늙어 —
마음 위에 그림자 드리웠다
엘도라도와 비슷한
오직 하나의 땅조각도
찾을 수 없게 되었을 때.

이윽고 그의 기력이
모두 빠졌을 즈음
순례의 그림자*를 만났다 —
그는 물었다. " 그림자여
도대체 어디 있을까요 —
엘도라도의 땅은 ?"

엘도라도

"달의
산들을 넘어
죽음의 골짜기 아래로
말을 달려라, 씩씩하게"
그림자는 대답했다 —
"만일 황금의 나라를 찾는다면."

* 죽음을 상징.

—에게 (멋대로 지저귀는)

멋대로 지저귀는 새들을
　　내가 꿈 속에서 보는 정자는
당신의 입술 — 그리고 그 입술이
　　낳은 말들의 선율.

당신의 눈은 마음의 하늘에 자리잡고
　　그리곤 오, 내 슬픈 가슴에
그 쓸쓸한 빛을 던지니
　　관보 위에 내리는 볕빛이어라. —

오, 당신 마음, 당신의 마음을 — 나는 꿈꾸며
　　잠 못 이루고 한숨짓다 대낮까지 잔다오.
황금으로도 살 수 없는 진실의 그 마음을 —
　　황금으로 살 수 있을 싸구려 장난감의 그 마음을.

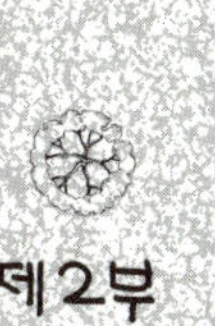

꿈속의 꿈

정복자, 구더기

보라! 쓸쓸한 말년의
　　축제의 밤에 일어나는 일!
날개 달린 천사의 무리들이
　　베일을 쓰고 눈물에 잠겨
희망과 공포의 연극을 관람코자
　　극장에 앉았을 때
오케스트라는 띄엄띄엄
　　천체의 음악을 연주하고.

광대*는 하늘의 신(神)으로 분장하고
　　나직이 중얼중얼 우물거리고
여기저기로 뛰어다니나 —
　　그들은 단지 꼭두각시,
거대한 무형의 것들**의 지시대로 오고 갈 뿐.
　　거인은 독수리 날개를 펄럭여
보이지 않는 슬픔을 뿌려 놓으며
　　무대 배경을 이리저리 바꾸어 놓는다.

* 인간을 상징
** 운명을 상징

정복자, 구더기

아, 저 광대극! ― 그것은
    결코 잊혀지지 않으리!
군중은 그 환영을 영원히 쫓지만
    잡지는 못하고,
언제나 제자리로 돌아오기 마련인
    원을 빙빙 돌면서,
그 줄거리의 핵심은 많은 '광기'
    그리고 더 많은 '죄와 공포'

그러나 보라, 요란한 연극 속으로
    기어다니는 것*이 침입한다!
적막한 무대로부터
    꿈틀대며 나오는 시뻘건 것을!
꿈틀거리는구나! 꿈틀거리는구나! 죽음의 고통과 함께
    광대들은 그 먹이가 된다.
인간의 피로 물든 벌레의 독잇빨을 보고
    천사들은 흐느껴 운다.

* 죽음을 상징

정복자, 구더기

꺼진다 ― 불이 꺼진다 ― 완전히 꺼진다!
　몸부림치는 모든 형체 위에,
장례의 장막인 커튼이
　폭풍인 양 휙 내려지면
천사들 모두 창백하고 파리하여
　일어서서 베일 벗고 확인한다.
이 연극은 '인간'이라는 비극이며
　그 주역은 '정복자인 구더기'라고.

죽은 이의 영혼

그대 영혼은 외롭다 느끼리
회색 묘비의 어두운 상념에 둘러싸여서 ―
많은 사람들 중에서 단 한 사람도
그대 비밀의 시간을 살피려들지 않네.

외로움이 아닌 저 고요 속에서
　　침묵을 지킬 것이니 ― 그러면
이승에서 그대 앞에 있던
　　죽은 이의 영혼이 죽음의 세계에서
다시 그대를 에워싸고 ― 그들의 뜻은 그대 위에
그림자를 드리우리. 조용히 있으라.

밤은, 비록 맑아도, 이마 찌푸리고,
별들도 저 하늘의 높은 왕좌로부터
인간에게 주어진 희망과 같은 빛으로
그대를 내려다보지는 않으리.
오직 빛이 꺼진 별의 천구(天球)도
피곤에 지친 그대에게는
영원히 그대를 붙어 다니는
화상(火傷)이나 열병처럼 보이리.

죽은 이의 영혼

이젠 결코 쫓아 버릴 수 없는 상념이 있네 —
이젠 결코 사라지지 않는 환영이 있네.
그대 영혼으로부터 그것들은 영영
없어지지 않으리 — 풀밭에서 이슬방울 사라지듯.

잠자는 사람

6월의 어느 깊은 밤
신비의 달 아래 나는 서 있다.
최면시키는 듯한 안개가 촉촉히 희미하게
달의 황금빛 가장자리에서 뿜어 나와서
적막의 산꼭대기 위에
한 방울 한 방울 조용히 굴러 떨어져
골짜기 전체 속으로
졸리는 듯 아름다운 음악으로 스며든다.
로즈메리 나무는 묘지에서 끄덕이며
수련은 물결에 기대어 쉰다.
안개로 그 가슴을 감싸고
만상은 폐허인 양 무너져 잠든다.
망각의 강물처럼, 보라! 호수는
잠들려고 하여 잠자는 듯,
천만금을 주어도 깨려 하지 않는다.
아름다운 것 모두 잠들었구나! ― 보라!
(그녀의 창문 하늘을 향해 열어젖히고)
아이린이 운명의 신들을 가슴에 안고 누워 있는 곳을!

오, 빛나는 여인이여! 옳은 일이겠소? —
이 창문을 밤하늘을 향해 열어 두고 있는 것이?
변덕스런 바람 나무 끝에서
창살 틈으로 웃으며 불어 들어와 ―
무형의 바람은 마법사의 무리인 양
그대 침실을 사뿐히 들락날락하며
침대보를 펄럭이게 한다.
이처럼 갑자기 ― 무섭게 ―
그대의 잠자는 영혼이 깃들어 있는
저 닫혀진, 술 달린 눈꺼풀 위에서.
그리하여 마루 위에서, 벽 밑에서
휘장의 그림자는 유령처럼 솟았다 가라앉는구나!
오, 그리운 여인이여! 두렵지 않소?
그대는 왜 그리고 무엇을 여기서 꿈꾸고 있는가?
필시 그대는 바다 넘어 먼 곳에서 건너왔기에
정원의 나무들도 그대를 기이하게 여기는구나!
야릇하다, 그대 창백한 얼굴! 야릇하다, 그 옷차림!
무엇보다 길다란 머릿단
이 모든 엄숙한 고요, 야릇해라!

잠자는 사람

여인은 잠들어 있다! 아, 길게 이어지는
잠이 깊은 잠이 되기를!
하늘은 그녀를 그 성스런 곳에 간직해 주기를!
이 침실이 보다 성스런 침실로 바뀌고
이 침상이 보다 암울한 침상으로 바뀌어져서
영원히 그녀가 눈을 뜨지 않고
잠들어 있기를 신에게 빈다.
수의 입은 희미한 유령들이 지나가는 동안에

내 연인, 그녀는 잠자는구나! 아, 언제나
계속되는 그녀의 잠이 깊은 잠이 되기를!
구더기도 그녀 주변을 조용히 기어 다니기를!
침침하고 해묵은 숲 속에서
높은 납골당의 문이 그녀 위해 열리기를!
그녀의 고귀한 가문의 장사 때마다
가문(家紋)이 새겨진 관덮개 위를,
장하게 여러 번
검은 날개 모양의 문짝 덜컹대며 닫혔던 납골당 —

잠자는 사람

멀리 떨어진 외로운 무덤,
그녀는 어린 시절 그 문에
장난삼아 수많은 돌을 던졌었다 ―
안에서 신음하는 건 죽은 이들이라 생각하고,
가슴 설레었었지. 죄 지은 가엾은 어린이여!
소리 울리는 그 무덤의 문에서
이제 다시 메아리 소리 울리게 하지는 못하리.

율랄룸

하늘, 그것은 잿빛으로 차분했다.
　　　나뭇잎들, 그것들은 오그라들고 시들었다 ―
　　　나뭇잎들, 그것들은 말라빠져 시들었다.
내가 가장 잊을 수 없는 해의
　　　호젓한 10월 밤의 일이었다.
위어 지방의 안개 자욱한 중앙지대,
　　　어둑한 오버의 호수 바로 옆 ―
위어의 귀신 우굴거리는 숲에 있는
　　　오버의 축축한 오버에서의 일이었다.

언젠가 여기서 거인인 양 솟아 있는
　　　사이프러스 오솔길 따라 내 영혼을 데리고 방황했다.
　　　사이프러스 오솔길 따라 내 영혼인 사이키를 데리고.
그것은 내 마음이 굽이치는 화상암의 강과 같고
　　　용처럼 격렬할 때였다 ―
　　　극지의 끝에 있는 나라에서
야네크 산 아래로 유황불의 강물을
　　　쉴새없이 굴러내리는 용암 ―
북녘 극지의 야네크 산을 흘러내릴 때
　　　신음 소리 지르는 용암 같을 때였다.

울랄룸

우리들의 이야기는 진지하고 냉정했다.
　　　그러나 우리의 생각들, 마비되고 시들었다.
　　　우리들의 추억은 믿을 수 없고 메말라 있었다 ―
우리는 그 달이 10월인 줄도 모르고
　　　우리는 또 그 해의 그 밤인 줄도 모르고
　　　(아, 그 수많은 밤중의 바로 그 밤이여!)
우리는 저 어둑한 오버 호도 알아보지 못하고 ―
　　　(전에 한 번 이 곳에 왔었거늘) ―
오버의 축축한 호수도
　　　귀신 우글대는 위어의 숲인 것도 잊고 있었다.

그런데 이제 밤이 이슥하여
　　　별시계가 새벽을 가리키고 ―
　　　별시계가 새벽임을 암시할 때
우리의 길 끝에 물 같은
　　　희뿌연 하나의 빛이 떠올랐다 ―
다이아몬드로 장식된 초승달 모양의 아스타르티*가
　　　한 쌍의 뿔도 선명하게.

* 로마 신화의 비너스에 해당하는 페니키아의 여신.

울랄룸

그래서 나는 말했다 ─ "그녀는 다이아나보다 다정하다.
        그녀는 한숨의 하늘을 돌아다니며
        그녀는 한숨의 나라에서 마냥 즐긴다.
그녀는 구더기가 결코 죽지 않는
        양 볼에서 눈물이 마르지 않음을 보았다.
그래서 사자좌의 별들을 지나왔다.
        우리에게 하늘로 가는 길을 알려주고자 ─
        모든 일 잊게 하는 하늘의 평화를 알려주고자 ─
사자좌의 별들을 무릅쓰고 나타났다,
        빛나는 눈으로 우리를 비추고자 ─
사자좌의 보금자리를 지나서 다가왔다,
        빛나는 눈에 사랑을 담고."

그러나 사이키는 손가락을 쳐들어 말했다,
        "슬프게도 나는 이 별을 믿지 않는다 ─
        이상하게도 나는 그 창백한 별을 믿지 않는다 ─
아, 서두르라! 아, 꾸물거리지 마라!
        아, 달아나자! ─ 달아나자! ─ 그 수밖엔 없으니."
겁에 질려서 그녀는 말했다.
        땅에 질질 끌리도록 날개를 내리고 ─

괴로워서 울며엾다, 날개를 내리고
　　땅에 끌리게 한 채 ―
　　슬프게 땅에 끌리게 한 채.

나는 대답했다 ― "이건 단지 꿈 같은 생각일 뿐.
　　이 떨리는 빛을 따라가자!
　　이 투명한 빛을 듬뿍 받자!
아폴로 신의 무당 같은 광휘는 오늘밤
　　희망과 아름다움으로 빛나고 있다 ―
보라! 그것이 밤을 넘어 하늘 높이 반짝임을!
아, 우리는 안심하고 이 별을 믿어도 좋다,
　　그것은 반드시 우리를 바르게 이끌어 주리
우리를 바르게 이끌지 않을 수 없는 빛을
　　우리는 안심하고 믿어도 좋다,
　　그것은 밤을 넘어 천국을 향해 반짝이기에 "

나는 이렇게 사이키를 달래고 그녀에게 키스했다,
　　그리고 그녀로부터 우울을 끌어내고 ―
　　그녀의 의심과 우울을 정복했다.
그리고 우리는 멋진 숲의 전망이 끝나는 곳까지 나아갔으나

율랄룸

묘지의 문으로 말미암아 멈추어 섰다 —
비문이 새겨진 묘지의 문으로 하여.
그래서 말했다 — "무엇이 적혔지? 상냥한 누이여,
비문이 새겨진 이 묘지의 문 위에는?"
그녀의 대답 — "율랄룸 — 율랄룸 —
이것은 죽은 네 연인 율랄룸의 무덤!"

그 때 내 마음, 회색빛 우울이 되고 말았다
오그라들고 시든 나뭇잎처럼 —
말라 시든 나뭇잎처럼.
나는 소리쳤다 — "분명히 10월
작년의 바로 오늘밤이었다,
내가 온 것은 — 이 곳으로 온 것은! —
내가 이 곳에 무서운 짐을 날라 온 것은 —
그 해의 많은 밤중의 이 밤에,
아, 무슨 귀신에 끌려 여기를 왔더냐?
아, 이제 알겠다, 이 어둑한 오버 호수를 —
이 위어 지방 안개 자욱한 중앙지대 —
아, 이제 알겠다, 오버의 이 축축한 호수를,
귀신 우글거리는 이 위어의 숲을."

그리고 우리는 — 다 같이 말했다, " 아, 그것이
　　정말이었을까, 숲 속에 자비스러운 귀신이 —
　　동정심 많고 자비스러운 귀신이 —
우리의 길을 막으려고, 우리의 길을
　　이 고원의 비밀 — 이 고원에
　　숨겨진 것을 막으려고 —
하나의 허깨비 유성을 끌어올렸다는 것이,
　　달 세계의 영혼들의 명부로부터
이 죄 많게 번쩍이는 유성을
　　별 세계의 영혼들의 지옥으로부터?"

바다의 도시 〜

보라! 죽음은 왕좌를 마련했으니,
아련한 서쪽 나라 멀리
외로이 누워 있는 기이한 도시 안에
선인, 악인, 최선, 최악의 인간들이
영원의 휴식을 취하러 간 곳.
그 곳 사당과 궁전과 탑들은
(시간에 잠식된 부동의 탑들)
지상의 무엇과도 전혀 다르다.
주위에는 파도 치솟게 하는 바람도
돌보지 않고 하늘 아래 버려둔 듯
침울한 바다가 깔려 있다.

한 줄기의 빛도 성스런 하늘에서
그 도시의 긴긴 밤에는 내려오지 않는다,
오직 시뻘건 바다로부터 올라온 빛이
소리 없이 작은 탑들 위로 흐른다.
비쳐서 밝혀 준다, 멀리 자유로운 탑 위를—
둥근 지붕을 — 꼭대기를 — 넓은 홀 위를—
신전 위를 — 바빌론 같은 성벽 위를—
석조의 꽃과 담쟁이가 새겨진

바다의 도시

어둑하고 오래 돌보지 않은 정자 위를—
육현금(六絃琴)과 제비꽃과 덩굴을
한데 엮은 화관 같은 장식대가 있는
많고 많은 기막힌 사당 위를.

하늘 아래 버려진 듯
침울한 바다는 누워 있다.
그 곳에서 소탑과 그림자 서로 섞이어
모두 허공에 걸려 있는 듯이 보이고,
그 도시의 오만히 솟은 탑에서는
죽음이 거인인 양 내려다본다.

그 곳엔 열린 신전과 입 벌린 무덤이
번쩍이는 파도와 비슷하게 하품하고 있다.
모든 우상의 다이아몬드 눈에
담긴 풍요의 힘도—
호화로운 보석 두른 죽은 이들도
바다를 그 잠자리에서 끌어내진 못하고
아, 슬프게도 잔물결 하나 일지 않는다—
유리 같은 물의 황야에선

바다의 도시

넘실대는 파도의 어느 면, 보다 행복한 바다에
바람이 있으리라는 것을 알려 주지 않는다 ―
이처럼 고약스럽게 잔잔하지 않는 바다에
바람이 있었음을 암시하는 굽이치는 파도도 없다.

그러나 보라, 공중에 무언가 소요가 있으니!
물결이 ― 거기 움직임이 있으니!
마치 탑들은 좀 가라앉으며
활기 없는 조수를 밀어젖힌 양 ―
마치 탑들이 흐릿한 하늘에다
자그마한 구멍을 만들어 준 양 ―
물결은 이제 더욱 벌겋게 타오르고 있다 ―
시간은 희미하게 나직이 숨쉬고 있다 ―
이승 것 아닌 신음 소리 속에서
이 도시가 아래로 아래로 주저앉을 때,
지옥은 수천의 왕좌에서 일어나
그 도시에게 경의를 표하리.

어떤 꿈

캄캄한 밤의 환시(幻視) 속에서
　　나는 사라진 기쁨을 꿈꾸었네.
그러나 생명과 빛의 꿈에서 깨어
　　내겐 오직 상한 마음이 남았을 뿐.

옛날을 되비치는 빛으로
　　제 주변의 만상을
보는 이에게 아, 대낮에도
　　꿈 아닌 것 그 무엇이 있으랴?

저 거룩한 꿈, 저 거룩한 꿈은
　　세상 사람들이 꾸짖었을 때
외로운 영혼을 인도하는
　　아름다운 빛처럼 나를 고무하였지.

그 빛이 폭풍과 밤으로 하여
　　저 멀리에서 떨렸던들 그 어떠하리—
진실이란 대낮의 볕 가운데서도
　　이보다 더 깨끗이 빛나는 그 무엇이 있으리?

꿈나라

사악한 천사들만이 우글거리는
침침한 외로운 길을 따라서
밤이라는 이름의 요괴가 의젓이
검은 왕좌에 군림하는 길을 따라
나는 최근에야 이 땅에 다달았다.
희미한 세계의 끝 — 황량하고 이상한 곳으로부터
　　공간을 벗어나고—시간을 벗어난 장엄하게 놓인 땅으로부터

바닥 없이 깊은 계곡과 가없는 바다,
갈라진 틈과 동굴과 거대한 숲에는
온통 이슬이 떨어져
아무도 볼 수 없는 형체들이 있다.
산들은 언제나 기슭 없는 바다로
영원히 넘어져 들어가고
바다들은 쉴새 없이 솟아올라
불타는 하늘로 파도쳐 들어갔다.
호수는 끝없이 그 외로운 파도를,
외롭고 잠잠한 파도를 펼친다 —
그 고요한, 고요하고 차가운 파도를. 그 속에는
눈송이 같은 백합이 축 늘어져 있다.

꿈나라

이렇게 그 외로운 파도, 외롭고 잠잠한 파도를—
그 슬픈, 슬프고 차가운 파도를—
펼치고 있고, 그 속에는
눈송이 같은 백합이 축 늘어진 호수가에서—
산 가까이에서— 나직이 중얼거리며,
언제까지나 중얼거리는 강 가까이에서—
잿빛 숲가에서— 두꺼비와
영원(蠑螈)이 사는 늪 가까이에서—
무덤을 파먹는 귀신이 사는
    음침한 산간의 호수나 연못가에서—
가장 부정한 모든 곳에서—
아주 우울한 구석에서—
나그네는 겁에 질려

수의 입은 과거의 기억들을 만난다—
나그네 곁을 지나갈 때 깜짝 놀라며
한숨짓는 수의 입은 형상들을—
오래 전에 괴로워하며 땅에— 그리고 하늘에
몸을 바친 흰 옷 입은 친구들의 형상들을.

수많은 괴로움을 지닌 마음에게는

꿈나라

그 곳은 평화롭고 위로를 주는 곳이다 ―
어둠 속을 걸어가는 영혼에게는
그것은 ― 아, 그것은 황금의 나라!
그러나 이 곳을 지나가는 나그네는
이 곳을 볼 수는 ― 감히 터놓고 볼 수는 없다!
뜨고는 있지만 연약한 인간의 눈에는
이 곳의 신비는 볼 수가 없으니
술이 달린 눈꺼풀을 쳐듦을 금한
이 곳의 왕의 뜻에 따라서.
그래서 이 곳을 지나가는 슬픈 영혼은
오직 어두운 안경을 통해서 이 곳을 바라볼 뿐이다.

사악한 천사들이 우글거리는
어둡고 외로운 길을 따라
밤이란 이름의 요괴가 의젓이
검은 왕좌에 군림하는 길을 따라
나는 최근에야 이 땅에 다달았다.
이 희미한 세계의 끝으로부터.

소네트 — 침묵

어떤 성질의 것들 — 어떤 무형의 것들이 있다.
　그것들은 물체와 빛의 세계에서 태어나
한결같은 어둠 속에 나타나는 저 쌍생적 존재의
　생활 유형으로 되어 있는 이중의 생활을 한다.
두 가지 침묵 — 바다와 언덕의 —
　육체와 영혼의 — 이 있다. 하나는 갓 자란 풀로
덮여 있는 외로운 곳에 있다. 얼마간의 명복과
얼마간의 인간적인 추억과 눈물의 추억담이
그것을 두렵지 않게 한다. 그 침묵의 이름은 "영영 없으리"
그것은 육체의 침묵이다. 두려워하지 말라!
　그 자체 속에 화를 미치게 하는 힘은 없으니.
그러나 어떤 급박한 운명(때아닌 숙명!)으로
　그대가 그 그림자(인간의 발이 닿지 않은 쓸쓸한
나라에 사는 무명의 악령)와 만나면 신의 가호를 빌라!

꿈 속의 꿈

이 입술을 이마에 받으오!
이제 당신과 헤어짐에 있어
이만큼만 고백케 해주오.
나의 지난 날들이 꿈이었다고
믿는 당신 생각이 틀린 것은 아니다.
그러나 가령 희망이
낮이든 밤이든,
환상 속에든 아니든, 날아가 버렸다 한들
그렇다 해서 사라지지 않았다고 할 것인가?
우리가 보거나 그렇게 보이는 모든 것이
단지 꿈 속의 꿈인 것을.

바닷가에 부딪히는
요란한 파도 소리 속에 서서
나는 손에 황금빛
모래알을 쥐고 있으니 ―
얼마 되지도 않는! 그러나 손가락 사이로
흘러 바다로 떨어지는 모래알,
내가 우는 동안 ― 내가 우는 동안!
오, 신이여! 더욱더 꼭

꿈 속의 꿈

오, 신이여! 무정한 파도로부터
단 한 알만이라도 건질 수는 없을까?
우리가 보거나 그렇게 보이는 모든 것이
정녕 꿈 속의 꿈이런가?

꿈 들

아, 내 청춘이 하나의 영원한 꿈이었으면!
어느 영원의 빛이 새아침을 가져올 때까지
내 영혼이 깨어나지 않았으면.
그렇다! 그 긴 꿈이 더없이 슬픈 꿈일지라도
깨어 있는 삶의 냉정한 현실보다는 나은 것,
그 마음이 아름다운 땅 위에서
태어날 때부터 분명 혼란스런 깊은 정열이며
또한 정열이었던 자에게.
그러나 그것이 — 내 어린 시절에
내가 보았던 꿈처럼 — 영원히 지속되는 꿈이 —
그러한 꿈을 가질 수만 있다면
더 높은 낙원을 바람은 어리석은 일이 되리라.
여름 하늘에서 태양이 빛났을 때
생동하는 빛과 화려한 꿈을
나는 사뭇 즐겼고 — 내 마음마저
내 자신의 집을 떠나, 내 상상의 고장에
내 자신의 상념이었던 갖가지 존재들과
함께 있었으니 — 더이상 무엇을 볼 수 있었으리오?
그것은 옛날 —옛날의 일일 뿐 — 공상의 시간은
내 기억에서 사라지지 않으리 — 그 어떤

꿈들

힘이나 마력이 나를 사로잡았으니 —
그것은 밤에 나를 엄습하여 내 영혼 위에
모습을 남긴 차가운 바람 — 아니면 하늘 높이
내 잠을 너무 너무나 싸늘하게 비추었던 달 —
아니면 별들이었던가? — 어쨌든
그 꿈은 밤바람에 실렸으니 — 지나가게 하여라.

비록 꿈이었을망정 나는 행복하였다.
나는 행복했기에 — 꿈이라는 주제를 사랑한다.
삶을 생생하게 채색해 주는 꿈이여,
현실과 환영의 그 덧없고, 희미하고
몽롱한 싸움에서처럼, 그것은 광란의 눈에는,
젊은 희망이 가장 빛나는 시간에 본 것보다
천국과 사랑의 더 아름다운 것들 —
그리고 모두 우리 자신의 것들을 가져다 준다.

유령의 궁전

착한 천사들이 사는
　가장 푸른 골짜기에
한때는 아름답고 웅장한 궁전 ——
　빛나는 궁전이 —— 솟아 있었다.
그 곳이 서 있었던 곳은
　'생각'이 제왕인 영토였다!
최고의 천사조차 이것의 절반만큼 아름다운
　건물 위에 일찍이 날개 펼친 일이 없다!

노랗게 빛나는 황금색 깃발들이
　지붕 위에 떠서 휘날리고 있었다.
(이것은 ― 이 모든 것은 —— 오랜
　옛날 이야기),
저 감미롭던 날에는
　깃털 장식한 파리한 성벽을
미풍마다 희롱하며
　날개 달린 향기되어 지나갔다.

이 행복의 골짜기를 지나가는 나그네들이
　번쩍이는 두 개의 창문을 통해서,

루트의 아름다운 선율에 따라
   왕좌의 주위를 춤추며
돌고 있는 영혼들을 보았다.
   자신의 영광에 알맞는 위엄을 갖추고
이 왕국의 통치자인
  포피로진 왕이 앉아 있었다.

그 아름다운 궁전의 문엔
   온통 진주와 홍옥으로 반짝였다.
그 문을 지나 흐르고 흐르고 흐르며
   영원히 빛을 내는 것은
메아리의 무리. 그들의 감미로운 임무는 단지
   더없이 아름다운 목소리로
왕의 슬기와 지혜를
   찬양하는 일.

그러나 사악한 것들이 슬픔의 옷을 입고
   지체 높은 제왕을 공격하였다.
(아, 슬퍼하자! — 처량하게도
   그는 새 아침을 못 보게 되리니!)

유령의 궁전

그리고 일찍이 궁궐 주위에
    붉게 타오르던 영광도
이젠 묻혀진 그 옛날의
    어렴풋이 생각나는 이야기일 뿐.

이제 그 골짜기를 지나는 나그네들이
    붉게 빛나는 창문 너머
엉뚱한 가락의 선율에 맞추어
    괴이하게 움직이는 거대한 형체들을 본다.
한편 창백한 문을 통해
    무섭게 빠른 강물처럼
끔찍한 무리들이 영원히 몰려나오며
    소리내어 비웃지만 —다시는 미소짓지 않는다.

요정의 나라

어슴푸레한 골짜기들 — 어둑한 강들 ——
구름처럼 무성한 숲들,
그 형체들은 알아볼 수가 없다,
어느 곳에서나 떨어지는 눈물로 인해.
거기선 다시 — 다시 — 다시
커다란 달들이 차고 이즈러진다 ——
밤에는 시시각각으로
끊임없이 자리를 옮기고 —
그들의 창백한 얼굴에서 불어오는
숨결은 별빛을 끈다.
달 시계로 열두 시경에
유난히 흐린 달 하나가
(달들이 평가하여 가장 좋다고
인정한 달 하나가)
내려온다 — 더 낮게 — 낮게.
높이 솟은 산꼭대기에
그 중심을 두고,
그 넓은 주변은
느슨한 장막이 되어 내려온다,
마을 위에, 건물 위에,

요정의 나라

그것들이 어디에 있든——
이상한 숲 위에——바다 위에—
날으는 요정들 위에——
졸고 있는 모든 것들 위에——
그리고 그것들을 빛의 미궁 속에
아주 묻어 버린다——
그러면 그것들의 잠에 대한 열정은
깊기도 하여라!—— 아, 얼마나 깊을가!
아침에 그것들이 깨어나면
달빛의 이불은
태풍을 일으키면서
하늘에 날아오른다.
그 모습—비길 데 없이——
아니면 노란 신천옹(信天翁)처럼.
이제는 달은 전과 같은
목적으로 쓰이지 않는다——
내 보기에 엄청나게 사치스럽다고
생각되는 천막으로는——
그러나 달의 무수한 분자들은
흩어져서 소나기 되고,

요정의 나라

저 지상의 나비들이
하늘을 동경하여 날아올랐다가
다시 내려온다,
(결코 만족하지 않는 것들!)
그 표본을 싣고서,
그들의 팔랑이는 날개 위에.

F-에게

그리운 사람아! 내 이 세상 나그네 길
  어느 곳에서나 밀려드는 심한 고뇌 속에서
(아! 슬프게도 외로운 장미 한 그루도
자라지 않는 그 쓸쓸한 길!)
  내 영혼은 오직 당신을 꿈꾸며
거기서 겨우 위로를 받으며
에덴의 포근한 안식을 느낍니다.

그래서 당신 생각은 내게 마치
  어느 먼 마법의 섬과 같습니다.
어느 풍랑이 울부짖는 바다에 있는 ―
폭풍 따라 멀리 마음대로 파동치는
  어느 대양에 있는 ― 그러나 그곳에서 그 동안에도
그 빛나는 섬 하나의 섬 바로 위에서
  고요한 하늘이 항상 미소짓고 있습니다.

태멀레인

죽어가는 시간의 자비로운 위로!
　　그런 것이, 스님이여, 내 문제는 아니지.
내 죄업을 참회하면 속세의 권력이
　　죄를 없애 주리라는 망상은 않겠다.
　　속세의 것이라기엔 엄청난 교만으로 자행한 죄업을ㅡ
　　망령이나 헛소리 같은 소리의 시간은 없다;
사람들은 그것을 희망이라고 하지ㅡ아, 저 불중의 불 정염을,
정욕이 잉태한 번뇌에 불과한 것을.
만약 내가 희망을 가질 수만 있다면, 아, 그럴 수만 있다면
　　ㅡ 그것은 오직 맑고ㅡ 거룩한 원천에서 솟아나는 것.
그대를, 노인이나 바보로 보고 싶지는 않지만
　　그러한 희망은 그대가 줄 수 있는 것은 아니지.

알라, 그 광란하는 교만에 허리 굽어지고
　　치욕에 빠진 한 영혼의 비밀을,
오, 동경하는 마음이여! 너는 물려받았구나!
　　그대 안에서 공명심과 함께 불타는 정염의 유산을,
내 왕좌의 온갖 보석 속에서 빛나는 영광과 함께 타는 정염,
지옥의 훈륜(暈輪)을! 지옥의 고통도 다시는 두렵지 않을
정염의 고통과 함께 물려받았구나ㅡ

태멀레인

오, 갈망하는 마음이여, 내 여름날의
잃어버린 꽃들과 햇빛이여!
저 죽어버린 세월의 죽지 않은 음성은
줄기찬 해조를 이루어
영묘한 주문인 양
그대의 공허 위에 울리는구나 ― 조종을.

과거엔 언제나 현재의 나와 같진 않았었지.
내 이마 위의 뜨거운 왕관을
    나는 요구하고 빼앗아 차지했다.
무서운 상속 싸움 끝에 시저가 로마를 차지했듯,
    차지하지 않았는가? 내가 이것을!
    왕자다운 정신에 합당한 상속,
그리고 인류와 싸워 승리한
    자랑스러운 정신의 상속이지.

산골 땅에서 나는 출생했지
    태글레이 산의 안개는 밤마다
    내 머리에 이슬을 내렸고
나는 믿고 있다, 저 날개 돋친 대기의

태뭐레인

저돌적인 격투와 소란을
내 머리칼 속에 자리잡고 말았다고.

아주 최근에도 그 이슬이 — 그것이
　　　(혼란스런 밤의 꿈 속에서)
지옥의 독기를 품고 나에게 내려왔다.
　　그 때 깃발처럼 결려 있는 구름으로부터
시뻘건 번갯불이 번쩍하며 나타났지.
　　반쯤 닫힌 내 눈엔 그것은
　　폭군의 장렬한 행렬과도 같아 보였다.
그리고 연이어 우뢰의 나팔이 깊은 소리로
　　으르렁거리며 내게로 와서 고했다.
　　인류의 전투의 개시를, 그러면 내 목소리는
　　내 자신의 목소리 — 아, 철없는 아이! —는 고함쳤지,
　　(오, 외치면서 내 영혼은 속으로 얼마나
기뻐 날뛰었던가 !)
승리의 함성을 외쳤었지 !

모자 없는 내 머리에 비가
　　내렸다 — 그리고 광풍은

나를 미치게 하고 귀먹게 하고 눈멀게 했다.
나는 인간이 내게 월계관을 씌워주고 있는 거라고 생각했다.
급류처럼 내닫는 싸늘한 공기는
내 귀에 윙윙거리며 전했다,
    와르르 무너지는 제국들의 소리를 —
포로들의 애원과 — 청원자들의 웅성거림과 —
제왕의 왕좌를 에워싼 아첨 소리와 함께

내 열정은 그 불길한 시간 이후로
    전제를 자행했다. 사람들은
내가 권력을 잡은 후로는 그것을 내 천성으로
    여겼지만 — 그렇다고 치자.
    그러나 스님이여, 그 때에도 한 사람은 있었다 ——
내 어린 시절 — 그 때에도 —— 내 열정이 한층 더
    강렬한 불빛을 내며 타올랐을 때,
(정열의 불은 젊음과 함께 꺼지는 것이므로)
    그 때에도 이 강심장이 연약한 여인의 마음에
관여하고 있다는 것을 안 한 사람이

나는 모른다, 아 슬프게도, 극진히 사랑하는

즐거움을 어떻게 나타내야 할 것인가를!
한 여인의 얼굴의 아름다움 이상의 아름다움을
이제 더듬어 보려고도 하지 않으리.
내 마음 위에 남은 그녀의 모습은——오직
산들바람에 아롱거리는 그림자.
생각이 난다, 옛날에 나는 빈둥거리는 눈으로
　　옛 이야기책의 어떤 한 쪽을 읽었던 일이.
한참 읽으면 글자들은, 그 뜻과 함께 스르르
녹아 없어지고 갖은 환상이 남는 것을 느꼈는데
　　이것도 바로 그러한 느낌이지.

오, 그녀는 모든 사랑을 받기에 합당했던 사람!
　　사랑은 어린 시절엔 나의 것이었다.
하늘의 천사들도 탐낼 만큼의
　　사랑이었다, 그녀의 마음은 정녕 사당(祠堂)이었고
내 모든 희망과 상념은 그 제단에 오르는
　　향연(香煙)이었다. 그녀의 어린 본(本)이 가르친 대로
내 희망과 상념은 순수하고 바르고 ——
　　순진하였기에 —— 그 때엔 훌륭한 제물이었지.
　　내 어찌 그런 사랑을 떠나 빛대신

속에서 불타는 정영을 믿고 떠돌아다녔던가?
우리는 자랐던 거지, 나이도 — 사랑도 — 함께 —
    숲과 들판을 돌아다니며.
내 가슴은 추운 겨울에는 그녀의 방패가 되었고 ——
    따스한 햇살이 미소짓고
그녀가 활짝 개인 하늘을 볼 때에도
    나만은 보지 못했지 — 그녀의 두 눈 속의 하늘밖엔.

어린 사랑의 제1과는 —— 마음과 마음을 통하는 것.
    그 햇살과 그 미소 안에서
우리 작은 마음의 망설임에서 벗어나
    그녀의 소녀다운 깜찍스런 잔꾀를 웃으며
그녀의 뛰는 가슴에 내 몸을 던지고
    눈물로 내 영혼을 쏟아냈을 땐 —
그 나머지는 말할 필요조차 없었고
    그녀를 두려워하는 마음을 진정시킬 필요도
없었고 — 그녀도 눈물의 이유를 묻지 않았고
오직 그 잔잔한 시선을 내게 보냈을 뿐!

그러나 그러한 사랑에 합당한 것 이상의 것과

내 영혼은 씨름을 하며 고투한 것이었지.
산꼭대기에 홀로 있을 때
야망은 내 사랑에 새로운 빛깔을 던져 —
그대 야망 속에서밖엔 — 내 어떤 존재도 찾지 못했다.
　　세계와 그리고 세계가 지닌
땅 위의 — 대기 속의 — 바다 속의 만물이
　　그 기쁨과 — 새로운 즐거움에 지나지 않는
그 열마 되지 않는 고통이 — 밤마다의
　　현실 아닌 희미한 몽상들과 — —
현실인 더욱 아련한 허무한 것들 —
　　（환영들 — 더욱 어스레한 빛!）이
그들의 안개 같은 날개를 시워하며 날아올라
　　그렇게 해서 어수선한 가운데
　　그대, 야망의 형상과 — 공명(功名) — 공명!
별개이지만 — 가장 밀착된 두 개의 것이 되었던 거지.

나는 야망에 불타고 있었다 — 스님이여, 그대는
　　그러한 정열을 아는가? 그대는 모른다.
한낱 시골 소년이었던 나의 거의 모든 세계의
왕좌를 내 자신의 것으로 여기고

그러한 미천한 내 신세를 한탄했다 —
그러나 다른 어떤 꿈과도 같이
    이슬 듣는 안개를 타고
내 자신의 꿈도 사라졌으리라, 그 아름다운 빛이
    내 꿈을 일 분 — 한 시간 — 하루 — 와 같이
지속시키면서 저 두 겹의 매력으로
내 마음을 사로잡지 않았던들.

우리는 함께 높은 산의 꼭대기를
걷고 있었다. 바위와 숲의
그 자랑스레 우뚝 솟은 천연의 탑으로부터는
    멀리 많은 산들이 내려다보였다 —
나무 숲으로 에워싸이고 수많은 시냇물들의 재잘거림으로
    소리치는 졸망졸망한 산들이.

나는 그녀에게 권세와 영화를 이야기했다.
    그러나 아리송하게 — 그것을 그녀는
그 때만의 화제로만 생각할 수 있게
    그런 방식으로, 그녀의 두 눈 속에서
나는 읽었다, 서투르게 그렇게 생각한 것이겠지만 —

내 자신의 감정과 일치한 감정을
그녀의 빛나는 얼굴의 홍조는, 내겐
  여왕의 자리에 한껏 잘 어울리는 듯이 보였기에
그것을 오직 황야에서 불타는 빛으로
  낡게 해서는 안 된다는 생각이 들었던 거지.

그래서 내 몸을 장려로 둘러싸고
  환영(幻影)의 왕관을 썼던 거지 ―
  그러나 일시적 환상이 내 몸을 덮은 것은 아니었으니 ―
무리 속에서 ― 뭇사람들 속에서는
  야망이라는 사자는 사슬에 묶여 ―
사육자의 손에 맡기고 웅크리고 있으나 ―
사막에서는 그렇지 않으니, 그곳에선 강한 자들과 ―
거친 자들과 ― 무서운 것들이 힘을 합쳐
그들 자신의 숨결로 야망의 불을 부채질하는 거지.

그대를 둘러싸고 있는 사마르칸트를 보라! ―
  정녕 땅의 여왕이 아닌가? 그 자랑스러운 모습은
모든 도읍에 군림하고 있지 않은가? 뭇도읍의 운명은
  그 손아귀 속에 있지 않은가? 이 세상이 아는

어떤 영광보다도 홀로 우뚝 서 있지 않은가?
무너져도 ─ 이 곳의 디딤돌에 지나지 않는 것을
익히 왕좌의 대좌(臺座)로 구실하리 ─
그런데 그 도읍의 군주는 누구인가? 티무르이다 ─
      뭇제국들 위에 오연히 걸터앉는 자 ─
왕관을 쓴 무법자 ─ 그 모습을
      세상 사람들은 아연히 바라볼 뿐!

오, 인간의 사랑이여! 하늘에서 우리가 바라는
모든 것을 지상에서 소유한 그대, 정령이여!
열풍에 시든 평원에 비가 내리듯
영혼 속에 쏟아져 들어와서는
자우(慈雨)와 같은 복을 주는 힘은 없이
오직 마음을 황폐하게 하는 자여!
이상이여! 이처럼 기이한 소리의 음악과
이처럼 황당하게 탄생한 아름다움으로
사람의 일생을 에워싸는 자여 ─
작별을 고한다! 이 세상을 내 손에 넣었으니.

높이 치솟은 희망의 독수리가 하늘에서

그보다 높은 벼랑을 볼 수 없게 되엎을 때
그 깃을 축 내리고 ―
그 부드러워진 눈을 집으로 돌렸던 거지.
해질 녁이였다. 해가 지려 할 때
여름 해의 광휘(光輝)를 아직 더 보고 싶어하는 자에게
마음의 울적함이 찾아오는 법.
그러한 영혼은 흔히는 아름다운
저녁 노을을 미워하며
(영혼으로 듣는 자에게만 알려진)
찾아드는 어둠의 목소리에 귀 기울인다.
마치 밤의 꿈 속에서 무서운 위험에 둘러싸여
도망치려고 하나 도망칠 수도 없는 사람인 양.

비록 달이 ― 그 하얀 달이 중천에 올라
그 찬란한 모든 빛을 쏟아낸다 한들
그 미소는 싸늘하고 ―― 그 빛은
그처럼 쓸쓸할 때엔 마치
(그 닮은 것이 숨이 막힐 정도로)
죽은 얼굴을 그린 초상화 같으리.
그런데 소년 시절은 여름의 해라

태멀레인

그 기울어짐은 가장 쓸쓸한 일 ―
살아서 알 것은 다 알아 버리고
고이 간직하려는 것은 모두 떠나 버린다 ―
그러면 마치 인생은 일일초(一日草)인 양
낮의 아름다움 ― 오직 그것뿐인 ― 과 함께 져 버린다.

나는 내 집에 돌아왔다 ― 그러나 더이상 내 집은 아니었다 ―
   그것을 내 집으로 되게 했던 것들은 다 사라졌으니.
나는 이끼 낀 문에서 나와 보았다.
   내 걸음 소리는 부드럽고 낮았으나
문지방의 돌로부터는 내가 전에 알았던
한 사람의 목소리가 들려온 거지.
   오, 지옥이여! 가능하다면 보여다오
   지하에서 불타는 침대에서
   이보다 초라한 마음 ― 이보다 깊은 슬픔을.

스님이여, 나는 굳게 믿고 있다 ―
   나는 분명히 알고 있다 ― 저 멀리 복된 자들의 고장,
   기만하는 어떤 미망(迷妄)도 없는 곳으로부터
내게로 찾아오는 죽음을

죽음의 세계의 철문을 비스듬히 열어놓고 있기에,
그리고 그대가 못 보는 진리의 여러 빛줄기들이
영원한 세계를 거쳐서 비치고 있기에 ─
나는 진정 믿는다, 악마의 왕 엡리스는
모든 인생의 길에 덫을 놓고 있음을 ─
아니라면 이 어찌된 것인가, 내가 우상인 사랑의 신의
거룩한 숲을 돌아다녔고 그 사랑의 신은 매일
가장 오예(汚穢) 없는 제물에서 오르는
    번제(燔祭)의 향연을
그 순백의 날개에 배게 하고
그 사랑의 신의 상쾌한 나무 숲 정자는 마치 빛의
서렁인 양 하늘로부터 내리치는 빗줄기로 위가 찢겨져
티끌 하나도 ─ 조그만 벌레 하나도 ─
사랑의 신의 전광석화 같은 독수리 눈을
    피할 수는 없는 법인 것을 ─
이 어찌된 것인가, 그 곳에서 벌어진 사랑의 제전에 ─
    야망이 숨어들어와 마침내
대담해져서 사랑의 여신의 헝클어진 머리칼 속에서
    껄껄거리며 뛰었다는 것은?

詩를 읽고 나서

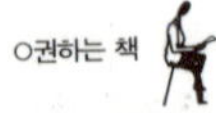

선영헤세전집
헤르만 헤세 지음 / 김기태 옮김
A5신 / 320면 내외 / 각권 값 3300~3800원

1. 싯달타	인간이 신이 되려면 비약과 모순의 비밀이 수반되지 않으면 안된다는 체험에의 고백을 파계 행각과도 같은 일생의 방황을 통하여 깊이 전해주는 작품.
2. 크눌프	〈향수〉〈대리석 공장〉이 함께 실려있는 이 작품은 영원한 유랑자 크눌프의 생애에 얽힌 세가지 이야기를 통해 생의 비애와 고뇌를 다루고 있다.
3. 수레바퀴 아래서	총명하지만 감수성이 예민한 내성적인 한 소년이 주위의 선망과 기대에도 불구하고 점차 퇴보의 나락에 빠져 급기야 죽음에 이른다는 작품.
4. 청춘은 아름다워라	아름다운 헬레네에 대한 사랑때문에 번민하는 주인공의 정신적 고뇌의 과정이 풋풋하고 향기로운 사랑내음을 전해주는 작품
5. 데미안	심약하고 내성적인 성격의 주인공과 신비로운 인물 데미안과의 숙명적인 만남을 그린 소설. 주인공은 그 만남을 통해 심오한 정신의 성숙을 이룬다.
6. 지와 사랑	神에 종사하는 나르지스와 美에 열중하는 골드문트, 두 인물의 일생을 통하여 개성적이면서도 합치되는 영혼의 영역을 보여주는 헤세의 역작.
7. 황야의 이리	하리 할라라는 괴이한 인물의 수기를 통하여 인류의 자폭적 전쟁행각과 물질만능주의에 대한 비판을 가한 관념적인 사상의 소설.
8. 유리알 유희	1946년 노벨문학상 수상작인 이 작품은 정신적 유희의 명인 요제프 크네히트의 삶을 통해 정신적 권위회복의 필요성을 시사해주고 있다.
9. 창문너머 밤이라는 나라	헤르만 헤세의 우정과 사랑, 인생, 고독과 방황이 담긴 서간문과 수필을 모아 엮은 책. 그의 주옥같은 언어는 우리를 순수의 원천으로 끌어당기고 있다.

애너벨리

1993년 7월 10일 초판인쇄
1993년 7월 15일 초판발행
1995년 4월 10일 재판발행
지은이/E. A. 포
엮은이/정광식
펴낸이/김영길
펴낸곳/도서출판 선영사
본사/부산시 중구 중앙동 4가 37-11
전화/(051)469-8857, 465-9616
서울사무소/서울시 마포구 동교동 205-17 동서빌딩
전화/(02)338-8231,
(02)338-8232
팩시밀리/(02)338-8233
등록/1983년 6월 29일 제 카1-51호

ISBN 89-7558-829-7   02840

도서출판 선영사

Sun Young Publishing Co.

선영사
Sun Young Publishing Co.